Rita das Raubschaf

Martin Klein

Rita das Raubschaf

Mit Bildern von
Ute Krause

TULIPAN VERLAG

Auf dem Deich

Das kleine Schaf Rita lebt mit seinen Eltern und vielen anderen Schafen auf einem Deich gleich am Meer. Mit den anderen Schafen versteht sich Rita nicht allzu gut.

»Was denkt ihr, wer war der größte Pirat aller Zeiten?«, fragt sie zum Beispiel. »Klaus Störtebeker oder vielleicht doch Sir Francis Drake?«

Die anderen Schafe schauen, wie Schafe immer schauen. Die meisten grasen gleichmütig weiter. Zwei machen »Määh!«, eins hebt den Kopf ein wenig, und eins sagt: »Bestimmt derjenige, der mehr Wolle hatte.«

Rita seufzt.

»Pirat oder Freibeuter«, will Rita ein anderes Mal wissen. »Welchen Namen würdet ihr euch geben? Ihr könnt übrigens auch beide nehmen.«

Fast alle anderen Schafe fressen weiter. Zwei machen »Mööh!«, eins wackelt mit den Ohren, und eins erwidert: »Ich heiße Rebecca, und das ist gut so.«

Rita seufzt ziemlich laut.

»Was würdet ihr mit der Freiheit anfangen?«, versucht es Rita wieder einmal.

Die Schafherde kaut und schaut. Zwei Schafe bommeln mit ihrem kurzen wolligen Schwanz hin und her, eins rülpst, und eins fragt: »Freiheit? Was meinst du damit?«

»Ich meine damit, dass man keinen Zaun mehr vor der Nase hat und gehen kann, wohin man will. Zum Beispiel in die Karibik oder nach Australien.«

»Könnte man dann auch zu den fetten Grasbüscheln laufen, die hinter dem Zaun wachsen?«, fragt das Schaf.

»Man könnte zu jedem Grasbüschel überall auf der ganzen Welt laufen«, erwidert Rita. »Das wäre etwas, nicht wahr?«

Das Schaf überlegt. »Da müsste jemand den Zaun durch die ganze Welt tragen«, sagt es schließlich. »Und das würden selbst der Schäfer und Boris nicht schaffen.«

Rita seufzt besonders laut, denn so geht das jedes Mal. Sie stellt sich oben auf den Deich und betrachtet die Linie, die das Meer vom Himmel trennt. Das bringt sie oft auf gute Gedanken, und auch heute kommt ihr eine Idee.

Rita beginnt die Schaf-Gespräche nun mit einem echten Schafsthema: »He, Leute, was ihr da wiederkäut, ist ein gutes Süßgras, nicht wahr?«

»Määh.«

»Man könnte davon erbeuten, so viel man wollte, wenn man Freibeuter wäre.«

Die anderen Schafe kauen und schauen und schweigen. Nur eins plinkert einmal mit großen Augen.

Rita seufzt sehr, sehr laut. Nicht weit entfernt fällt ein Schafsköttel ins Gras und dampft eine Weile vor sich hin. Und sonst passiert wie immer – nichts.

Rita hat alles versucht, doch die Gespräche kommen einfach nicht in Gang. Aber da sind ja noch Ritas Eltern, der Hammel Kurt-Georg und das Mutterschaf Beate. Tja. Auch diese beiden kümmern sich um nichts anderes als um Gras. Stunde für Stunde, Tag für Tag. Mampf, mampf, mampf. Mit gesenktem Kopf. Pausen machen sie nur, um Schafsköttel loszuwerden und zum nächsten Büschel zu trotten. Kurt-Georg und Beate hören nicht einmal im Schlaf mit dem Fressen auf. Sie kauen die Halme des Tages wieder und wieder. Mampf, mampf, mampf.

Rita aber hat nun einmal keine Lust, Tag und Nacht nur vor sich hin zu fressen. Sie trottet auch nicht gern stundenlang von einem Grasbüschel zum nächsten. Sie hält ihren Kopf am liebsten aufrecht, und der

Ausdruck in ihrem Gesicht bereitet dem Schäferhund Boris und ihren Eltern Unbehagen.

Widerwillig hebt der Hammel Kurt-Georg den Kopf aus dem Weidegras und blökt: »He, Rita! Wo guckst du hin?!«

»Karibik.« Rita steht oben auf dem Deich und schaut in die Ferne.

»Karibik? Was ist das?«

»Das Paradies der Freibeuter«, erwidert Rita.

»Das Paradies der – *was*?«

»Der Freibeuter, Papa!«

»Du bist kein Freibeutler, du bist ein ganz normales Wollschaf«, grummelt Kurt-Georg. »All die neumodischen Schafrassen können uns gestohlen bleiben. Und für das Paradies brauchst du nicht in die Ferne zu starren, dummes Lämmchen. Das Paradies ist hier!«

»Schon gut, Papa«, sagt Rita grimmig. Irgendwo hinter dem weiten Horizont und dem großen Wasser sind die Orte ihrer Träume.

»Hör auf, so finster zu starren!«, blökt Kurt-Georg. »Da kann ein ausgewachsener Hammel ja Angst bekommen! Und Boris mag diesen Blick erst recht nicht! Schau gefälligst wie ein Schaf!«

Rita schaut noch grimmiger.

Der Hammel wendet sich an das Mutterschaf. »Beate, deine Tochter hört wieder einmal nicht! Sie schaut wie ein

Raubtier, und das auch noch in die Karibik oder so etwas! Das kann nur ein anderes Wort für Unsinn sein. Bitte unternimm etwas!«

»Rita!« Das Mutterschaf hebt den Kopf und hört zum ersten Mal an diesem Tag auf zu mampfen.

»Hör s-o-f-o-r-t mit diesem Kariblick auf! Was immer das auch für ein Blick sein mag.«

»Ein Fernblick«, sagt Rita. »Aber ich schaue nicht mehr Richtung Karibik. Jetzt schaue ich nach Australien.«

»Australien? Was ist das nun wieder?«

»Australien ist sehr groß, und die Weiden sind dort nicht eingezäunt«, erklärt Rita.

»Was für ein Unsinn!« Beate vergisst vor Aufregung das Wiederkäuen. »Eine Weide ohne Zaun! So etwas kann keine Weide sein!«

»Schäferhunde gibt es dort nicht«, fährt Rita fort. »Und das ist gut so, denn Schäferhunde sind so doof wie blöd.«

Das Mutterschaf blökt erschrocken auf. »Jetzt spricht sie auch noch schlecht über Boris! Störrisches Schäfchen, du weißt ja nicht, was du redest! Stell dir doch nur einmal vor, der tapfere Hund würde uns nicht mehr beschützen!«

Beate senkt rasch den Kopf und rupft zur Beruhigung ein paar Ampferblätter.

»Ist ja gut, Mama.« Rita stößt einen Riesenseufzer aus. »Ist ja schon gut.«

Sie schaut sich um. Gar nichts ist gut. Hier ist nicht die Karibik. Hier ist nicht Australien. Hier ist kein Freibeuter weit und breit. Hier ist der Deich. Und der Deich ist eingezäunt, und zusätzlich passt Boris auf.

Rita kann Boris nicht leiden. Der Schäferhund frisst Fleisch mitsamt den Knochen, hat vor Schafen keinen Respekt und hält den Schäfer für den lieben Gott. Außerdem hat Boris noch weniger Ahnung von Piraten als die Schafe, die er bewacht.

Jede Nacht blättert Rita heimlich unterm Stroh in einem dicken Buch über die Geschichte der Freibeuterei. In manchen Nächten schleicht sie durch die Dunkelheit zur Hütte des Schäfers, stellt sich auf die Hinterbeine und späht durchs Fenster. Meistens läuft im Fernseher nur Quatsch, aber wenn sie viel Glück hat, kommt ein Piratenfilm. Tagsüber steht sie oben auf dem Deich und denkt sich Piratenabenteuer aus. Darin segeln edelmütige Freibeuter quer durch die Karibik bis nach Australien, wo die Weiden nicht eingezäunt sind.

Rita guckt übers Wasser zum Horizont und träumt davon, ein Raubschaf zu werden. Raubschafe fürchten weder Schäferhunde noch Bullterrier. Sie hissen auf ihren schnellen Schiffen die schwarze Fahne, zeigen auf die gekreuzten Knochen und knurren: »Fleischfresser kielholen! Hunde versohlen!«

In der Stadt

Nicht weit entfernt lebt in der Stadt hinterm Deich das Meerschwein Ruth. Sein Fell sieht aus wie ungekämmt und fühlt sich weich und flauschig an. Ruth ist ein Rosettenmeerschwein. Die Menschen finden Rosettenmeerschweine ganz besonders niedlich. Deshalb rufen sie dauernd: »Süß!«, und grapschen nach Ruth. Jeder Mensch, der Ruth sieht, will sie unbedingt anfassen und streicheln und liebkosen und abknutschen. Ruth geht das mächtig auf die Nerven. Sie hat weder Lust, süß und niedlich zu sein, noch, ständig begrapscht zu werden.

Ruth verbringt ihre Tage in einem kleinen Käfig. Es gibt darin nichts als einen Unterschlupf, der wie ein Fliegenpilz aussieht. Und einen Futternapf in Herzform. Und jede

Menge Sägespäne. Und jeder kann sich denken, was Ruth von ihrem Käfig hält.

Sie gehört einem Jungen namens Johann. Johann liebt sein Rosettenmeerschwein, und er liebt CDs über Ritter und den Wilden Westen, über die Entwicklung der Säugetiere, das Weltall, das alte Rom und besonders über Piraten. Deshalb findet Ruth ihn auch ganz in Ordnung. Würde er doch nur begreifen, dass sie nicht dauernd gestreichelt werden will! Und Ruth mitmachen lassen, wenn er Pirat spielt!

Johann hält Ruth für sehr scheu. Manchmal wundert er sich nur über die Geräusche, die sie macht. Normalerweise fiepsen und gluckern Meerschweine possierlich. Sein Meerschwein dagegen klingt, als würde es üben, zu fauchen und zu knurren. Wenn Johann seine Lieblings-CD über die Geschichte der Freibeuterei anhört und die Stelle mit den Piratenliedern kommt, scheint Ruth sogar die Melodie mitzubrummen.

Einmal wendet Johann sich an seinen Vater: »Ruth macht komische Geräusche.«

»Alle Meerschweine machen komische Geräusche.«

Der Vater fiepst und gluckert.

»Nein, sie macht andere Geräusche, als normale Meerschweine machen. Komische Geräusche eben.«

»Ach so? Was denn für welche?«

Johann faucht und knurrt.

»Du machst auch komische Geräusche«, sagt sein Vater und lacht.

Ruth fühlt sich ziemlich einsam. Deshalb beginnt sie eines Tages, sich mit Johanns Kuscheltieren zu unterhalten. Sie stellt ihnen Fragen, und die Antworten gibt sie jedes Mal selbst.

»Sträuben sich dir nicht sofort alle Nackenhaare, wenn Johanns Kusine Jessica reinkommt, *Süüüß!* schreit und dich abknutscht?«, fragt Ruth zum Beispiel den plüschigen Tyrannosaurus Rex.

»Es ist fürchterlich«, brummt der Dino. »Am liebsten würde ich meine Reißzähne blecken, dass Jessica quietscht. Wären die blöden Dinger doch bloß nicht nur aus Plüsch.«

Ruth nickt verständnisvoll. »Das ist wirklich Pech.«

Als Nächstes erkundigt sie sich bei der Vogelspinne mit den vielen Haaren aus Baumwollfäden: »Wie fühlst du dich, wenn du von Johann als Kopfkissen benutzt wirst?«

»Uuääh!«, erwidert dann die Vogelspinne.

»Wie recht du hast«, seufzt Ruth und befragt danach noch den Stofftiger, den Gummi-Alligator und schließlich auch den Weißen Knuddel-Hai.

Leider machen alle diese Gespräche auf die Dauer keinen richtigen Spaß. Die meisten Kuscheltiere würden natürlich ganz andere Antworten geben, wenn sie reden könnten.

Ruth konzentriert sich fortan lieber auf ihre Stimmübungen und denkt sich neue Piratenabenteuer aus. Schließ-

lich ist sie schon lange Expertin für heldenhafte Kaperfahrten und träumt davon, ein Raubmeerschwein zu werden. Raubmeerschweine reisen unter der Totenkopfflagge bis in die Karibik und weiter nach Südamerika. Dort hat kein Meerschwein je einen Käfig gesehen. Die Freibeuter schwenken die Totenkopffahne und fauchen: »Grapschern misstrauen! Süßfinder verhauen!«

Einmal nimmt Johann Ruth mit in die Schule.

»Wie süüüüüüß!«, schreien alle Kinder und stürzen sich auf das Meerschwein wie auf ein Erdbeereis. Ruth gluckert vor Empörung. Erschrocken weichen die Kinder zurück.

Ruth räuspert sich erstaunt. Sie hat wahrhaftig geknurrt! Geknurrt wie noch nie. Laut und unheimlich. Wild und gefährlich.

Sie versucht es gleich noch einmal. Es funktioniert! Der Lehrer ist ganz blass geworden: »Johann! Bring dieses Tier sofort nach Hause!«

Zu Hause übt Ruth wie entfesselt weiter. Sie knurrt und schnauft wie ein alter Wolf und brummt wie ein wütender Bär. Sie knirscht und knarzt, hechelt und grunzt, als grölten Hyänen und Schakale gemeinsam dunkle Abendlieder.

»Hui«, denkt Johann. »Aber ich hab das ja schon lange

geahnt.« Er stopft sich Watte in die Ohren und macht seine Hausaufgaben.

Als seine Mutter vom Einkaufen nach Hause kommt, ruft sie entsetzt: »Was ist denn hier los?!«

Johann gibt ihr Watte.

Als sein Vater nach Hause kommt, schreit er sofort: »Ruuuheee!«

Er reißt die Tür zu Johanns Zimmer auf und erstarrt: Die Wände scheinen zu beben, das Bett zu tanzen, die Tischfußballer zu steppen – und Johann liest. Er hat ja Watte in den Ohren. Ruth röhrt und röhrt und stört und stört.

Wenig später stehen zwei Polizisten vor der Tür: »Wir wurden von der Nachbarschaft alarmiert! Wer macht hier diesen Krach?!«

»Das ist nur unser Meerschwein!«, sagt der Vater.

»Wie bitte?!«

»Das ist nur unser Meerschwein!«, ruft der Vater.

»Hä?!«

»Das ist nur unser Meerschwein!!«, brüllt der Vater.

»Haha!«, rufen die Polizisten.

»Es ist ein Rosettenmeerschwein!!«, schreit der Vater.

»Das ändert die Sache natürlich!!«, schreien die Polizisten.

»Na, dann: Auf Wiedersehen!!«, brüllt der Vater.

»Spaß beiseite!!«, knurrt der eine Polizist, und der andere stellt einen Fuß in die Tür. »Wenn Sie nicht sofort für

Ruhe sorgen, werden wir Sie wegen Lärmbelästigung und Beamtenverspottung …«

»Bitte nicht!«, ruft der Vater, denn er hasst nichts mehr auf der Welt als amtliches Bußgeld. Kurzerhand packt er die röhrende Ruth samt Käfig und rennt zum Auto.

»Ab ins Tierheim!«, schreit er durch den Lärm.

»Bitte nicht!«, ruft Johann.

»Aus diesem Plan wird nichts«, knurrt Ruth. Sie holt tief Luft und lärmt wie ein Überschallflieger, der den Schall durchbricht. In den Ohren des Vaters klingelt es Sturm, und fast wären die Reifen seines Autos geplatzt. Er lässt den Käfig fallen und hält sich die Ohren zu. Ruths Gefängnis poltert zu Boden. Die Drähte verbiegen, die Abdeckung springt auf, und Ruth flitzt davon wie ein flauschiger Mini-Torpedo.

»Tierheim misstrauen, Karibik anschauen!«, grölt sie und rennt schnurstracks in die Richtung, aus der es nach Meer riecht.

Piratenbegegnung

Ruth rennt an langen Häuserreihen vorbei und überquert viele breite Straßen. Sie erreicht den Stadtrand. Vor ihr liegen Wiesen, Hecken und Gräben. Dahinter verstellt ein lang gestreckter, grüner Hügel den Blick. Jenseits davon riecht es schon fast nach Karibik.

Ruth läuft durchs hohe Gras, kostet hier und da von einem besonders schmackhaft aussehenden Kraut und hüpft mit Anlauf über die Gräben. Das macht Spaß, und sie fühlt sich dabei fast schon wie ein Freibeuter, der ein Schiff voller Grapscher entert.

Dann erreicht Ruth den Deich. Sie klettert gespannt hinauf und stellt sich auf die Hinterbeine.

»Waoh.«

Ruth staunt, wie jeder, der zum ersten Mal das Meer

sieht. Heute trägt es ein freundliches Dunkelblau. Es kräuselt sich hunderttausendfach und lässt unzählige weiße Kronen aufblitzen. Das Beste ist der Horizont. Dahinter geht es weiter, immer weiter, bis in die Karibik und nach Südamerika.

Ruth betrachtet das Meer lange. Dann spürt sie einen Stoß in den Rücken und fällt nach vorn.

»Oh, Verzeihung.«

Hinter ihr steht ein Schaf. Es rupft bereits wieder eifrig Gras.

Ruth deutet aufgeregt auf den Horizont. »Schau mal!«

Ohne den Kopf zu heben, fragt das Schaf: »Was ist denn da?«

»Das Meer!«, ruft Ruth begeistert. »Der Horizont! Die Karibik! Südamerika!«

»Määh«, erwidert das Schaf und frisst weiter.

Ruth beschließt, erst einmal eine Höhle zu graben. Sie macht sich an die Arbeit und achtet darauf, dass in ihrem neuen Unterschlupf nichts an einen Fliegenpilz erinnert. Als die Höhle fertig ist, setzt Ruth sich vor den Eingang und schaut aufs Meer.

Ein Schatten mit Flügeln huscht über sie hinweg. Jedes normale Meerschwein würde in einem solchen Augenblick in seine Höhle flitzen. Ruth bleibt sitzen. Sie schreit nur heiser auf, und die Lachmöwe über ihr flieht im Zickzack durch die Luft. Ruth stellt fest, dass es auf dem Deich noch mehr Schafe gibt. Viele, viele Schafe. Und kein einziges betrachtet den Horizont. Bis auf eins. Es ist noch klein, und es hat Ärger.

»Rita, wie oft hab ich dir schon gesagt: Guck nicht aufs Meer, sondern grase!«, schimpft das Mutterschaf.

»Keine Lust!«, brummt das kleine Schaf.

»Gib nicht immer Widerworte! Wo hast du nur dieses Benehmen her. Und die Flausen! Ein Raubschaf möchte die Dame werden! So ein Blödsinn! Jeder weiß, dass Schafe grasen und dafür sorgen müssen, dass die Menschen Pullover haben!«

»Raubschafe behalten

ihre Pullover selbst«, antwortet Rita schnippisch. »Und drüber tragen sie Wolfsfell.«

»Schluss jetzt!«, schnaubt der Hammel Kurt-Georg. »Gegen einen Hund wie Boris könnte selbst ich nichts ausrichten. Wie willst du da erst Wölfen ans Fell, wenn du nicht mal Hörner hast?!«

Die Elternschafe grasen weiter.

»He, du.«

Rita dreht sich um. Im Gras zwischen den Halmen hockt ein kleines, ungekämmtes Tier.

»Du hast keine Hörner«, sagt es. »Aber du hast Hufe. Und das ist auch was.«

»Hufe?« Rita betrachtet erstaunt ihre vier Beine. »Nein, ich hab Klauen. Schafe haben Klauen.«

»Hufe klingt aber besser«, erwidert das kleine, ungekämmte Tier. »Oder bist du ein Vogel?«

»Nein, ich bin … Rita das Raubschaf«, murmelt Rita ganz leise und betrachtet Ruth noch erstaunter.

Ruth strahlt über ihr weiches Meerschweingesicht und grunzt vor Freude. Es hört sich an wie ein Wildschwein, das sich an einem Baum kratzt.

»Das trifft sich sehr gut. Ich bin Ruth das Raubmeerschwein.« Ruth schaut Rita an. »Im Übrigen: Ob Huf oder Klaue, das ist doch egal. Hauptsache, du kannst was damit anstellen, wenn's drauf ankommt.«

Rita betrachtet erst ihre Hufe und dann wieder Ruth.

»Ein Raubmeerschwein bist du also«, murmelt sie.

»Ein Raubrosettenmeerschwein, wenn du's ganz genau wissen willst.« Ruth blinzelt Rita verschwörerisch zu. »Sir Francis Drake?«, fragt sie.

Ritas Schafsgesicht leuchtet auf. »Oder vielleicht doch Klaus Störtebeker?«

»Pirat?!«, fragt Ruth.

»Oder Freibeuter?!«

»Karibik!!«, rufen Rita und Ruth gleichzeitig, und dann wild durcheinander: »Australien! Südamerika! Hunde verhauen! Süßfinder versohlen!«

Sie schweigen eine Weile einträchtig und schauen gemeinsam auf den Horizont, und schließlich fragt Rita: »Wie kommst du hierher?«

Ruth erzählt ihre Geschichte, und Rita weiß so langsam nicht mehr, wo sie all ihr Staunen hernehmen soll.

»Kannst du auch schnauben wie ein Nilpferd?«, fragt sie. »Und heulen wie eine Hyäne?«

Ruth nickt stolz und holt Luft. Ihr Prusten ist lauter als das Tosen eines Wirbelsturms und ihr Heulen schauerlicher als ein Geisterchor.

Pludumps, pludumps, pludumps.

Die Schafe auf dem Deich lassen vor Schreck Schafsköttel fallen. Und Boris winselt kläglich.

»Du kannst ihn auch zum Fiepsen kriegen.« Ruth zeigt ihrer Freundin ein Piratengrinsen.

Rita schüttelt den Kopf. »Vor dem Blöken eines Schafs wird Boris sich niemals fürchten.«

»Natürlich nicht!« Ruth lacht wie ein südamerikanischer Brüllaffe. »Aber davor.« Und sie klopft mit ihrer Pfote gegen einen von Ritas Vorderhufen.

»Meinst du wirklich?«, fragt Rita.

»Oh ja!« Ruth schaut sich um. In der Nähe liegt ein morscher Pappelast.

Sie schleppt ihn heran und hält ihn Rita entgegen.

»Na los!«

»Meinst du, das schaffe ich?«, fragt Rita.

»Versuch’s mal!«

»Huuaah!« Rita holt aus und haut drauf. Kracks. Der Ast bricht in zwei Teile.

»Siehst du«, sagt Ruth.

»Jaaa! Jau! Harhaaar!« Rita ist vollkommen begeistert. »Jetzt kommt der Zaun dran!«

»Moment!«, ruft Ruth, doch Rita ist nicht mehr zu bremsen. Sie fixiert einen besonders dicken Pfahl mit finsterem Blick, nimmt Anlauf und rast los.

»Halt!«, ruft Ruth. »Sonst …«

Buff!

»Auuh!«

Der Zaunpfahl ist unversehrt. Jammernd pustet Rita auf ihren Vorderhuf.

»Geh doch erst ein bisschen langsamer ran«, rät Ruth.

»Nach und nach steigern. So habe ich's gemacht. Und Francis Drake war auch nicht sofort der größte Pirat aller Zeiten.«

»Hrmpf«, ächzt Rita und pustet auf die verstauchte Stelle. »Aber wie war das mit Klaus Störtebeker?«

»Hier«, sagt Ruth und schwenkt ein Holunderstöckchen.

Von nun an steigert Rita ihr Training vorsichtig – und mit Erfolg! Nach und nach werden die Stöcke und Hölzer immer stärker. Schließlich knickt sie alte Zaunpfähle um wie Salzstangen und spaltet lehmige Erdklumpen wie ein Karatemeister mit schwarzem Gürtel. Und wenn Ruth ihre Stimmübungen macht, kneift Boris den Schwanz ein.

Rita und Ruth schauen gern zusammen übers Wasser auf den Horizont. Das Wasser und der Himmel sind oft

scharf voneinander getrennt. An solchen Tagen erscheint den beiden der Weg klar.

Manchmal ist das Meer jedoch kaum vom Wolkendunst zu unterscheiden. Um ihre Träume deutlich vor Augen zu behalten, erzählen Rita und Ruth sich dann jedes Mal Geschichten aus Ritas Buch und von Johanns CDs. Sie denken sich sogar noch mehr dazu aus.

»Freiheit hat keine Zäune, gehört zu den Piraten und liegt nicht nur in der Karibik, sondern vor allem in Australien«, sagt Rita.

»Sie kennt keine Käfige und ist nicht zuletzt in Südamerika zu finden«, sagt Ruth. »Direkt neben der Karibik. Sie ist für alle da, die Freibeuter sein wollen.«

»Außer für Hunde«, sagt Rita.

Bald darauf finden Rita und Ruth auf dem Deich ein buntes Stück Papier:

SUPER-ANGEBOT AUS DER FLEISCHEREI!
Lammkoteletts Kilo 19,99 €!

SCHNÄPPCHEN IN DER ZOOABTEILUNG!
Rosettenmeerschweinchen für 29,99 €
(Lustige Häuschen in Pilzform gratis dazu)

Jetzt wissen die beiden genau, dass es Zeit ist, mit dem Freibeuterleben anzufangen.

Als Erstes müssen sie über den Zaun. Ruth passt untendurch, aber für Rita ist er zu hoch.

»Macht nix«, sagt sie und *KRACKS* – schon hat sie einen besonders dicken Pfahl mit einem meisterhaften Tritt umgeknickt.

Boris kommt angehetzt: »Du blödes Schaf! Was fällt dir ein?!«

»Mach Platz, Schäferhund«, sagt Rita. »Ich kann dich sowieso nicht leiden.«

Vor Erstaunen klappt Boris sein Maul auf und zeigt seine lange Schlabberzunge. »Wie?«, japst er. »Was?«

»Aus dem Weg, ich bin ein Raubschaf!«, ruft Rita.

»Ein Raubschaf?!«, kläfft Boris. »Was für ein Quatsch! Marsch zurück auf den Deich!«

Er macht einen Satz auf Rita zu – und heult laut auf.

Rita hat ihn vors Schienbein getreten.

»Na warte«, knurrt der Schäferhund. Wutentbrannt springt er los! Mitten in der Luft aber plumpst er auf den Boden zurück. Ein furchterregendes Grunzen hat ihn gestoppt. Sein Knurren scheint dagegen Spatzengezwitscher. Boris' Haare sträuben sich, dass er wie eine verstrubbelte Zahnbürste aussieht, und er zischt davon, schneller als jede Feuerwerksrakete.

Ruth lacht, dass es klingt, als würde Eisen geraspelt. »Der Weg ist frei! Jetzt suchen wir uns eine Mannschaft!«

»Und dann stechen wir in See!«, jubelt Rita. »Quer durch die Karibik bis nach Australien!«

»Oder nach Südamerika!«, ruft Ruth.

Freibeuterübungen

Rita und Ruth verbringen die erste Nacht ohne Zaun und Käfig im tiefen Stadtwald. Es ist kühl, und es raschelt im Unterholz. Die beiden rücken zusammen. Ein schlankes Tier im roten Pelz steht plötzlich vor ihnen, hechelt beunruhigend und schnüffelt frech herum.

»Ist das so eine Art Hund?«, flüstert Ruth.

»Weiß nicht«, flüstert Rita zurück.

»Was sollen wir tun?«

»Weiß nicht.«

Ruth grunzt ein bisschen. Es klingt dünn.

»Ihr piepst ja wie Vorgartenmäuse«, zischt das Tier im roten Pelz. »Was wollt ihr denn hier? Gehört ihr etwa zu den Typen, die neuerdings in dieser Gegend Tag und Nacht alle verrückt machen? Die mit den großen Scheinwerfern und diesen Geräten, die mir verdächtig nach neuartigen Flinten aussehen?!«

»Pass bloß auf, sonst trete ich dir vors Schienbein«, murmelt Rita.

»Du? Könnte mich vor Lachen verschnüffeln«, kichert der Fuchs und verschwindet lautlos im Gesträuch.

Kurz danach streicht etwas dicht über ihre Köpfe hinweg

und landet raschelnd im Geäst. Ein schauerliches Heulen folgt: »Hee, ihr da unten, ihr eineinhalb Zwerge, gehört ihr etwa zu denen, die hier neuerdings mitten in der Nacht alles erleuchten und immer mit diesen Gegenständen herumlaufen, die mir verdächtig nach großen Schießprügeln aussehen?!«

»Wer ist das?«, flüstert Rita.

»Weiß nicht«, flüstert Ruth zurück. Es wäre nicht schlecht, jetzt eine Höhle zu haben. Ruth rückt noch näher an Rita heran.

»Was sollen wir machen?«, flüstert Rita.

»Weiß nicht«, flüstert Ruth zurück. »Oder … doch.« Sie holt tief Luft, um furchterregend zu knurren. Doch viel mehr als ein Murmeln kommt nicht dabei heraus. »He, du da oben, pass bloß auf, sonst erschrecke ich dich, dass du vom Baum fällst.«

»Ein Vorgartenpiepser wie du?«, krächzt das Tier über ihnen heiser. »Könnte mich vor Lachen verplustern.«

Geräuschlos gleitet der Waldkauz davon.

In dieser Nacht schlafen Rita und Ruth nur wenig. Sie freuen sich, als endlich die Sonne aufgeht. Zum Frühstück gibt's Walderdbeeren und Waldmeister.

»Nicht schlecht, so ein freies Raubschafleben«, sagt Rita. Es klingt ein bisschen kleinlaut.

»Das will ich meinen«, knurrt Ruth. Es klingt erfreulich nach Raubmeerschwein am Morgen.

»Aber …« Rita spricht nicht weiter.

»Aber was?« Ruth schaut sie aufmerksam an.

»Aber … meinst du wirklich, dass wir es schaffen?«

»Was?«

»Piraten zu werden. Mit allem Drum und Dran.«

»Was denn sonst«, knurrt Ruth. Aber Rita schaut immer noch ein bisschen wie ein ganz normales ängstliches Schaf.

Da springt Ruth auf und stellt sich energisch auf die Hinterbeine. »Hast du schon einmal etwas von Walen und Delfinen gehört?«

Rita nickt.

»Weißt du, was sich in ihren Flossen verbirgt? Ich sag's dir: Pfoten! Pfoten mit Fingern! Fast wie bei uns. An ihren Knochen sieht man es genau.«

Ruth streckt Rita die winzigen Vorderpfoten entgegen und spreizt die einzelnen Glieder.

»Und weißt du auch, wieso das so ist? Ich sag's dir: Weil Wale und Delfine früher einmal Landtiere waren. Jawohl. Sie rannten durch Wiesen und Wälder. Genau wie wir. Aber sie wollten ins Wasser. Sie wollten unbedingt im Meer leben. Das war ihr Traum. Und beim Barte des Fliegenden Holländers, sie haben es geschafft.«

»Hui«, sagt Rita.

»Wenn es nun aber Wale und Delfine geschafft haben, aus ihren Pfoten Flossen zu machen, warum sollten wir dann keine Freibeuter werden können, hm?« Zur Bekräftigung grunzt und knarzt Ruth, dass die Hagebutten wackeln. »Und ich sag dir noch was: Wir sind es schon! Alles, was uns fehlt, ist ein bisschen Übung.«

»Und eine Mannschaft!«, ruft Rita tatendurstig. »Auf geht's! Wird Zeit, dass wir sie zusammenkriegen.«

»Hej-ho!«, ruft Ruth. »Wir kommen!« Und die beiden machen sich auf den Weg.

Unterwegs sagt Rita: »Alle Achtung. Was du alles weißt.«

»Nichts Besonderes.« Ruth winkt ab. »Das weiß jeder, der mit Johann zusammengelebt hat.«

Bald darauf erreichen sie eine eingezäunte Wiese, auf der eine Herde Schafe weidet. Rita knickt einen morschen Zaunpfahl um und ruft: »Kommt raus, Leute! Ihr könnt bei uns anheuern und Raubschafe werden. Edle Freibeuter. Ohne Zaun vor der Nase, und ab geht's quer durch die Karibik bis nach Australien!«

»Oder nach Südamerika«, sagt Ruth.

Nichts passiert.

»Was ist los mit euch?« Rita scharrt ungeduldig mit den Hufen. »Habt ihr Radieschen in den Ohren?!«

»Gibt es da draußen Gras?«, blöken die Schafe.

»Ihr regt mich auf mit euerm Gras! Besteht das Leben nur aus Gras?!«

»Oh ja!« Die Schafe senken die Köpfe. »Wenn es nur grün und saftig ist.«

Eins mümmelt: »Ihr gehört bestimmt zu denen, die hier neuerdings mit grellem Licht und komischem Kram Unruhe verbreiten, was? Die haben eine furchterregende Knochenfahne und reden auch irgendwas von Karibik.«

»Wie bitte?« Rita und Ruth schauen sich verwundert an.

»Schon gut«, mampft das Schaf. »Nicht so wichtig.«

Rita und Ruth zucken die Achseln. Sie ziehen weiter, bis sie an einem Garten vorbeikommen, in dem ein Meerschwein in seinem Käfig sitzt und eine riesige Gurke frisst.

Ruth schiebt mit Ritas Hilfe den Drahtaufsatz weg und sagt: »Komm in unsere Mannschaft, Kumpel. Smutje, Ausguck, Schiffsjunge, such dir deinen Lieblingsjob aus. Es ist

noch alles zu vergeben. Keine Gitter mehr vor der Nase, und ab geht's als Freibeuter nach Südamerika!«

»Oder Australien«, sagt Rita. »Karibik inklusive.«

Das Meerschwein nagt weiter an seiner Gurke.

»Hast du Möhren in den Ohren?!«, grölt Ruth, dass ein Quadratmeter Boden bebt und die Regenwürmer sich vor Schreck verknoten.

»Schrei doch nicht so«, hustet das Meerschwein. »Jetzt hab ich mich verschluckt. Gibt's dort Gurken? Gurken esse ich für mein Leben gern.«

»Besteht das Leben nur aus Gurken?!«, schimpft Ruth.

»Ja«, piepst das Meerschwein. »Wenn es Riesensalatgurken sind.«

Es kehrt Ruth den Hintern zu, beißt ein riesiges Stück von seiner Gurke ab und brubbelt: »Ühr behört bestümmt schu den Huntn mit den Aubnplappn, die hür meuerdimpf rumlaupm, oba?«

Rita und Ruth verstehen kein Wort. Aber sie hören sowieso nicht mehr hin. Sie sind enttäuscht. So macht es keinen Spaß, eine Piraten-Mannschaft zusammenzustellen.

»Vielleicht fehlt uns immer noch ein bisschen Übung?«, fragt Rita.

»Daran liegt es nicht.« Ruth schüttelt den Kopf.

Rita denkt an die Schafe zu Hause auf dem Deich und seufzt. »Das Gefühl habe ich auch. Können wir nicht einfach zu zweit eine Mannschaft sein?«

»Natürlich!« Ruth springt vor Freude hoch. »Na klar! Das ist eine Superidee!«

»Ich bin Käpt'n, Steuermann und Matrose!«, ruft Rita.

»Ich auch! Und Smutje, Ausguck und Schiffsjunge sind wir noch dazu!«, jubelt Ruth. »Das geht alles!«

Gerührt fallen sie sich in die Pfoten und Hufe.

»Fahren wir eben als Doppelbesatzung quer durch die Karibik bis nach Australien«, sagt Rita.

»Oder nach Südamerika«, meint Ruth.

Rita hält inne. »Also *wohin* denn nun?«

»Südamerika hat keine Käfige«, gibt Ruth zu bedenken.

»In Australien sind die Weiden nicht eingezäunt«, erinnert Rita.

Es geht hin und her. Bis Rita die Idee hat: »Wir brauchen ein Land, das so wie Australien und Südamerika zusammen ist!«

»Es müsste so ungefähr Südamerikaustralien heißen«, sagt Ruth.

»Oder Südaustraliamerika«, meint Rita. »Aber wie bekommen wir heraus, wo so ein Land zu finden ist?«

Sie überlegen angestrengt. Bis Ruth die Idee hat: »Wir fragen den Marabu! Der ist alt, weise und wohnt im Zoo.«

Nachdem es dunkel geworden ist, schleichen Rita und Ruth los.

Zoo-Piraten

Der Zoo ist von einem hohen Eisenzaun umgeben. Rita biegt die Stangen auseinander, und sie schlüpfen hindurch.

Große, unschuldige Augen starren sie erschrocken an. Zickleinaugen, Kaninchenaugen, Schafsaugen und Hängebauchschweinaugen.

Rita und Ruth sind im Streichelzoo gelandet.

»Uuääh!«, schreit Ruth. Sie kriegt Schweißausbrüche und Schüttelfrost gleichzeitig. Die Streichelzootiere drängen sich zusammen, bis sie aussehen wie ein einziges großes, weiches Streichelviech.

»Wir sind nur zwei Freibeuter und haben eine Frage«, sagt Rita freundlich.

»Hilfe, schon wieder Piraten!«, quietscht eine Zwergziege.

»Tut uns nichts!«, schnauft ein Hängebauchschwein.

»Wir dürfen nicht anheuern, wir sind hier angestellt!«, ruft ein Schlappohrkaninchen.

»Anheuern?« Rita und Ruth schauen sich erstaunt an. »Wie kommt ihr darauf?«

»Ihr tut nur so ahnungslos, oder? Bestimmt wisst ihr genau, dass ihr nicht die ersten nächtlichen Einbrecher seid!«, blökt ein Schaf. »Erst vor Kurzem war eine ganze Meute hier!«

»Sie hatten einen Haufen unheimlicher Gerätschaften dabei«, meckert eine Ziege.

»Und sie sagten, sie bräuchten Beutetiere!«, fiepst ein Meerschwein. »Nur zum Drehen, behaupteten sie. Aber natürlich meinten sie damit: erst umdrehen und dann auffressen!«

»Drehen?« Ruth runzelt die Stirn. »Umdrehen? Ihr meint wohl: durchdrehen. Kein Wunder, wenn man im Streichelzoo lebt. Komm, Rita, bloß weg hier!«

»Moment noch«, sagt Rita und wendet sich wieder an die Streichelzoobewohner: »Keine Angst, Leute. Wir haben nur noch eine Frage: Wo wohnt der Marabu?«

»Den Hauptweg geradeaus und an der großen Linde rechts«, quietscht ein Hängebauchschwein.

»Danke und auf Nimmerwiedersehen!« Schon ist Ruth

zum Hauptweg geflitzt. Rita rennt hinterher. Am Tor hält sie noch einmal inne. »Vielleicht hat doch jemand Lust mitzukommen?«

»Nein, nein, danke, danke, schon gut!«, rufen die Streichelzootiere durcheinander. »Und am besten machst du dich auch gleich auf den Weg, sonst verlierst du noch deinen Kumpan aus den Augen, und das wäre doch dumm, und der Marabu ist am Ende nicht zu Hause und …«

Den Rest hört Rita nicht mehr.

Der Marabu wohnt mit ein paar uralten Schildkröten auf einer Wiese, die von einem trüben Wassergraben umgeben ist. Die Schildkröten liegen herum wie vermooste, dicke Kieselsteine. Der Marabu steht bewegungslos auf einem seiner dünnen Beine. Er hat einen langen, abgewetzten Schnabel, einen kahlen, abgeschabten Kopf und trägt einen schwärzlichen Frack. Er ist alt und weise, ein bisschen hässlich und ein bisschen traurig, und er sieht aus, als ob er schläft.

»Guten Abend, Marabu«, sagen Rita und Ruth. »Wir hätten gern gewusst, wo das Land liegt, das wie Australien und Amerika zusammen ist.«

Der Marabu blinzelt müde und wiegt den abgeschabten Kopf hin und her.

»Warm und groß?«, krächzt er bedächtig.

»Ja!«

»Rau und edel?«

»Genau!«

»Ohne Zäune, Käfige und Grapscherei?«

»So ist es!«, jubeln Rita und Ruth.

»Gibt's nicht.«

»Waas?!«

Der Marabu schüttelt langsam den Kopf und klappert

mit seinem langen Schnabel. »Tut mir leid.« Er sieht noch ein bisschen älter und trauriger aus.

»Und jetzt?«, fragen Ruth und Rita leise.

»Fahrt nach Afrika«, krächzt der Marabu. »Wenn auf dieser Welt etwas zählt, dann ist es Afrika.«

Das ist nämlich seine Heimat. Er schließt die Augen und sieht jetzt aus wie versteinert. Rita und Ruth bleiben eine Weile stehen und schweigen mit ihm zusammen.

Dann sagt Rita: »Ach, weißt du, liebe Ruth, ich hab's mir überlegt: Ich fahr mit dir nach Südamerika!«

»Und ich, liebe Rita«, erwidert Ruth, »habe mich entschlossen, mit dir nach Australien zu kommen.«

»Warum reist ihr nicht in die Karibik?«, fragt eine dunkle Stimme.

Hinter den beiden streckt eine Riesenschildkröte den schuppigen Kopf aus dem verwitterten Panzer. »Ich bin dort geboren, und ich sage euch, ich habe in über zweihundertfünfzig Jahren keinen besseren Ort kennengelernt.«

»Das ist eine gute Idee«, erwidern Rita und Ruth wie aus einem Mund. »Da wollten wir sowieso zuerst hin.«

»Ihr wärt töricht, würdet ihr von dort jemals wieder fortgehen«, raunt die Schildkröte. Sie spricht sehr langsam. »Diese Dummheit beschäftigt mich schon seit über hundert Jahren.«

»Komm mit uns«, sagt Ruth. »Wir sind Freibeuter und können jeden gut brauchen.«

»So, Freibeuter seid ihr?« Die alte Schildkröte betrachtet die zwei aufmerksam. »Ich kannte viele. Keiner sah aus wie ihr.«

»Wir sind noch nicht so lange dabei«, sagt Rita. »Uns fehlt …« – *nur noch ein bisschen Übung*, will sie hinzufügen. Aber Ruth bringt sie mit einem Knuff zum Schweigen.

»Na, können wir auf dich zählen?«, fragt sie möglichst munter.

Die Schildkröte schiebt mühsam ein Vorderbein, das wie eine Lederschaufel aussieht, aus ihrem Panzer und winkt damit schlapp ab. »Ich bin nicht mehr so gut zu Fuß wie früher.«

»Macht nichts«, sagt Rita. »Du musst ja nicht gerade die Segel setzen.«

»Es reicht, wenn ihr fahrt. Ich bin jetzt hier. Gute Reise und schöne Grüße.«

Mit diesen Worten zieht sich die Schildkröte wie in Zeitlupe in ihren Panzer zurück. Es geschieht so langsam, dass Ruth und Rita gähnen müssen.

Schließlich liegt die alte Schildkröte da wie ein großer Findling, der schon seit einer Ewigkeit an seinem Platz ist. Es ist klar, dass sie sich nicht fortbewegen wird. Niemals. Und es ist auch klar, dass das Gespräch beendet ist.

Plötzlich überkommt Rita und Ruth eine ungeheure Müdigkeit. Sie schleichen mit letzten Kräften zur Raubtierabteilung und schlüpfen in ein dichtes Gebüsch. Sekunden später schlafen sie tief und fest.

Strandabenteuer

Auf zu den sieben Meeren!«, ruft Ruth am nächsten Morgen in aller Frühe.

»Oder erst mal zu einem«, sagt Rita.

Die beiden verlassen den Zoo lange vor der Öffnungszeit. Nur die Frühaufsteher unter den Tieren und ein Wachmann bemerken sie. Er reibt sich verwundert die müden Augen, aber noch ehe er an Ruths und Ritas Anblick glauben kann, sind die beiden schon weitergehuscht.

Sie schleichen durch Gebüsche und Blumenbeete, durch Parkanlagen und Gärten immer weiter hinaus aus der Stadt.

Unterwegs schmieden sie Pläne.

»Wir könnten einen Schatz verstecken«, sagt Ruth. »Oder mit einem Piratenschiff in See stechen und ein möglichst großes Handelsschiff entern und nebenbei noch ein paar Gefangene nehmen. Zum Beispiel Direktoren von Streichelzoos.«

»Oder Schäfer und Schäferhunde«, ergänzt Rita. »Das Beste ist, wenn sie reich sind. Aber den Schatz müssen wir erst

finden und das Boot erst bauen. Es kommt auf die richtige Reihenfolge an.«

Bald riecht es wieder nach Meer, und der grüne Hügel taucht auf. Rita und Ruth folgen eifrig dem Verlauf des Deiches und umgehen sorgfältig alle Zäune und Schafherden. Die beiden halten die Augen offen für ein geeignetes Meeresufer und für Schätze jeder Art.

Da. Ein rotes Tuch liegt auf dem Weg. Es ist wie für einen Piraten geschaffen. Rita knüpft sich eine Kopfbedeckung daraus. Nicht viel später entdeckt Ruth ein Wollmützchen. Es ist über einen Pfosten gestülpt. Was für ein Glück: Auf der Stirnseite ist ein kleiner Pirat abgebildet! Ruth setzt sich die Mütze auf. Sie ist ein wenig zu groß, aber das sieht umso verwegener aus. An dem Pfosten hängt ein Schild. Darauf sind ein Richtungspfeil und ein schönes Wort aufgemalt: SANDSTRAND.

Nun wissen Rita und Ruth, wo der geeignete Ort ist, um ein Schiff zu bauen und in See zu stechen. Wenn sie erst dort sind, werden sich auch ein paar Gefangene und ein großer Frachter zum Entern sicher wie von selbst finden. Tausend Raubschaf-, fünftausend Raubmeerschweinschritte, viele

hohe Dünen und drei Sandstrand-Schilder später sind sie endlich da.

»Juhuu!«

Die Freibeuter stürzen drauflos. Einen Moment später wälzen sie sich wohlig in den unzähligen warmen Körnern. So ein Strand ist einfach wunderbar! Heller, weicher Sand, so viel das Piratenherz begehrt. Rita und Ruth bauen sofort eine erstklassige Sandburg.

Auf der Suche nach etwas, das als Schaufel zu gebrauchen ist, entdeckt Ruth am Fuß der Dünen ein Loch. Es sieht so ähnlich aus wie ihr Höhleneingang auf dem Deich. Es ist nur noch kleiner. Die Öffnung ist geschickt mit Strandgut getarnt. Ein paar Meter weiter stößt Ruth auf einen zweiten Eingang. Wie aufregend!

»Rita, schau mal hier!«, ruft sie. »Ich glaube, unser Freibeuter-Glück bleibt uns treu!«

Das Raubschaf steckt neugierig seine Nase in den Tunneleingang. »Das ist garantiert ein Geheimversteck! Wahrscheinlich ist ein Zwergenschatz drin!«

»Vielleicht sogar mit Zwergen. Die nehmen wir dann natürlich gefangen«, erklärt Ruth. »Hej-ho, klar zum Entern!«

»Passt du da rein?«, fragt Rita.

»Klar!«

Ruth macht sich ganz dünn und lang und verschwindet in der Öffnung. Rita postiert sich am anderen Ende des Tunnels. Gleich darauf hört sie gedämpft das Getöse von Ruths Raubmeerschweinstimme: »Örgöbt euch, Zwörge, und röckt euern Schatz raus! Hej-ho!«

Dann stürmen zwei kleine graue Gestalten wie piepsende Raketen aus dem Bau. Sie stürzen genau auf Rita zu. Die guckt grimmig und schlägt energisch die Vorderhufe gegeneinander.

KLOCKKLOCK!

Die Flüchtlinge quieken vor Schreck auf und erstarren.

»Tu-tu-tut uns nichts«, stottert der eine Zwerg.

»Wir sind nur zwei bettelarme Strandmäuse!«, jammert der andere.

»Bettelarm? Von wegen!« Ruth taucht hinter den beiden

auf. Mit den Vorderpfoten rollt sie einen Haufen orangefarbener Beeren vor sich her, und im Maul schwenkt sie stolz ein Geldstück mit dem Aufdruck: *10 Cent.* Es glänzt wie Gold!

»Ischas ein Schatz oda ischas keina?«, nuschelt sie.

»Das ist unser Speisekammervorrat und unser Esstisch«, piepst die eine Strandmaus empört.

»Na gut, von den Beeren könnt ihr ein paar nehmen, wenn ihr unbedingt wollt«, sagt die andere. »Aber den Tisch brauchen wir komplett selbst, dass ihr's nur wisst.«

»Moment mal.« Ruth stemmt die Vorderpfoten in die Hüften. »Ihr seid jetzt Gefangene, und Gefangene dürfen nicht bestimmen.«

»Trotzdem brauchen wir unseren Tisch selbst«, erwidert die Maus trotzig.

»Aber euer Tisch ist ein Schatz«, sagt Ruth.

Die Maus schüttelt den Kopf. »Ein Tisch ist ein Tisch und kein Schatz.«

»Wir klären das noch, Leute.« Rita hebt beschwichtigend die Hufe. »Jetzt wird erst mal geschlemmt! Was haltet ihr davon?«

»Mahlzeit!«, piepsen die Feldmäuse und beginnen hurtig, eine Sanddornbeere nach der anderen zu verputzen.

Rita beugt den Kopf herunter, schnappt sich ebenfalls ein paar runde Früchtchen und beginnt zu kauen. »Bääh!« Sie läuft rot an und spuckt einen orangefarbenen Brei aus. »Prrfft!«

»Uuää!« Ruth grunzt und kickt ihre Beere ins Wasser. »Bitterer als unreifer Enzian!«

»Wir finden Sanddorn lecker«, schmatzt die eine Strandmaus.

»Sehr lecker sogar«, bekräftigt die andere, während sie eifrig weiterkaut.

»Behaltet eure Beeren«, erklärt Rita kurzerhand. »Freibeuter sind großzügig, und Gefangene müssen auch mal was essen.«

»Wollt ihr uns immer noch einsperren?«, fragen die Mäuse, plötzlich wieder ängstlicher.

»Jawohl!« Ruth zeigt auf den Mäusebau. »Das ist euer Knast!«

Die Strandmäuse schauen sich an. Sie kichern vor

Freude, aber sie versuchen, sich nichts anmerken zu lassen. »Und was ist mit unserem Tisch?«

»Ihr meint das Gold? Das bewacht ihr natürlich, verstanden?!«, befiehlt Ruth. »Passt bloß gut darauf auf, sonst werdet ihr kielgeholt!«

»Ganz bestimmt!«, piepsen die Mäuse. In Windeseile räumen sie die Beeren und das Geldstück zurück in den Bau und flitzen wie der Blitz hinterher.

Rita steckt noch einmal ihre Schnauze hinein: »Oder wollt ihr lieber mit uns auf große Fahrt gehen?«

»Nein, lieber nicht, danke, danke, vielleicht ein anderes Mal, aber viel Spaß und gute Reise!«, quiekt es hastig zurück. »Ihr könnt euch vollkommen auf uns verlassen. Und lasst euch ruhig Zeit mit dem Wiederkommen!«

»So, das hätten wir erledigt.« Rita reibt sich zufrieden die Vorderhufe. »Einen Schatz samt Geheimversteck gefunden und obendrein noch Gefangene gemacht! Allmählich

kommen wir in Form. Übrigens, hast du das eben auch gehört?«

»Was denn?«, fragt Ruth.

»Dieses Geräusch. So ein Geheul. Leise, wie aus der Ferne.«

Ruth schüttelt den Kopf. Sie hält inne und spitzt die Ohren. Nun hört sie es auch. Ein Heulen und Kläffen aus vielen Kehlen. Aus vielen aufgeregten Hundekehlen!

Die beiden schauen sich um. Da! Seltsame Gestalten bewegen sich über den Strand. Eine ganze Meute! Noch sind sie weit weg, aber sie kommen rasch näher.

»Es wird Zeit, dass wir einen guten Kahn bauen, in See stechen und ein möglichst großes Schiff entern«, sagt Ruth.

Rita nickt entschlossen. »Höchste Zeit.«

Zum Glück liegt eine angeschwemmte Holzpalette in der Nähe, groß genug für zwei Piraten.

Rita stößt Ruth an und deutet mit dem Kopf über den Strand. Die Meute rückt näher und näher, und ihr unheimliches Heulen wird immer lauter. Einige der Gestalten tragen merkwürdige Gerätschaften mit sich, und alle sehen sehr nach wütend kläffenden Hunden aus.

Rita und Ruth brauchen unbedingt noch einen Mast und eine Piratenflagge! Rita findet einen abgebrochenen Besenstiel und Ruth eine Plastiktüte. Rita klopft hurtig den Mast zwischen den Brettern fest.

Was die wilde Hundemeute da mit sich trägt, sieht mittlerweile verdächtig nach neuartigen Flinten aus.

Ruth malt mit einem Stück Teer schnell noch einen Totenkopf auf die Tüte und befestigt sie hastig an der Mastspitze. Rita findet einen alten Teppichklopfer und einen Löffel.

Einer der Hunde trägt einen großen Scheinwerfer, ein anderer eine Art Kanone auf einem Stativ, ein dritter eine

Augenklappe samt Kopftuch und ein vierter gar ein Holzbein!

»Jagdhunde mit modernen Waffen in Piratenverkleidung«, schnaubt Ruth. »Aber darauf fallen wir nicht rein!«

»Pinscher, Schäferhunde und Bullterrier!«, knurrt Rita. »Was für eine feine Gesellschaft. Aber die kriegen uns nicht!«

Rita und Ruth schieben und zerren ihr Schiff über den Sand. Ihr Kahn ist gut gelungen, aber er hat noch kein Wasser unterm Kiel. Endlich erreichen sie die Uferlinie. Das Schiff platscht in die Wellen. Jetzt sind sie bereit, in See zu stechen.

Fast! Die Augenklappen fehlen noch! Ruth flitzt noch einmal über den Strand und sammelt blitzschnell zwei passende Kieselsteine auf.

Die falschen Hundepiraten sind nun schon sehr nah. Sie winken und bellen und jaulen. Jetzt kann's richtig losgehen. Es ist auch allerhöchste Zeit dafür.

Fast! Rita springt noch einmal an Land. Sie schnappt sich eine leere Flasche und schleudert sie gegen das Schiff. »Ich taufe dich auf den Namen *Kariblick*!«

KLIRR! Die Flasche zerbirst am Bug. Rita spürt den heißen Atem der Hundemeute im Nacken und springt mit einem gewaltigen Satz aufs Schiff. Die Angreifer hechten kläffend hinterher. Aber sie kommen zu spät und landen jaulend im Meer.

Rita und Ruth klemmen sich die Kiesel vors rechte Auge und paddeln mit Teppichklopfer und Löffel drauflos, als wäre das Klabauterschaf hinter ihnen her. Schnell entfernen sie sich vom Ufer, und bald sind die Köpfe ihrer Verfolger nur noch kleine Knöpfe in der Brandung.

»Wir haben sie abgehängt!«, ruft Rita.

»Hej-ho!«, grölt Ruth. »Wir sind die Größten!«

Am Horizont kommt ein Schiff in Sicht, kleiner als eine Haselnuss.

»Klar zum Entern!«, schreit Rita und macht aus dem Teppichklopfer-Paddel einen Säbel.

»Ist der Kahn groß genug für uns?«, fragt Ruth.

»Für den Anfang wird's reichen!«, erwidert Rita.

Das Schiff ist etwas größer geworden, wie eine Walnuss etwa.

»Hej-ho, wir brauchen ein möglichst großes Schiff!!«, grölt Ruth. »Fünfzehn Nager auf des Totenmeerschweins Kiste! Und 'ne Bottel voll Möhrensaft!«

Das Schiff ist jetzt so groß wie eine Wassermelone.

Oder wie ein Sack voller Wassermelonen.

Oder wie ein Lkw voller Säcke voller Wassermelonen.

Oder wie eine Fähre voller Lkws voller Säcke voller Wassermelonen.

Die stählerne Bordwand ist jetzt so hoch wie ein Haus.

»Scharf dingsbord«, schreit Rita.

Zu spät.

Die Fähre rammt das Piratenfloß. Es zersplittert krachend. Rita und Ruth stürzen kopfüber ins salzige Wasser. Ihre Augenklappen sinken auf den Meeresgrund, immer der *Kariblick* hinterher. Piratenschicksal.

»Manöver beendet«, prustet Rita, als sie wieder auftaucht. »Kein Pirat entert ohne Augenklappe. Alle Schafe in die Rettungsboote!«

»Und alle Meerschweine!«, gluckert Ruth.

Aber sie haben nur das Floß gehabt. Also müssen sie schwimmen. Zum Glück sind Ritas rotes Piratentuch und Ruths Mützchen nicht verloren gegangen. Und zum Glück findet Rita einen Palettenrest zum Festklammern. Ruth kann sich auf Ritas Kopf retten. Am Strand aber warten die nassen Hunde und japsen vor Freude.

»Oje«, murmelt Rita. »Was sollen wir tun?«

»Weiß nicht«, piepst Ruth und sucht nach ihrer gefährlichen Stimme.

»Hurra! Bravo! Großes Kino! Cooler Stunt!«, bellen die Hunde.

Einer springt vor Freude wieder ins Wasser und schwimmt Rita und Ruth entgegen.

»Großartig! Ihr wart großartig«, hechelt er, hebt freundlich seine feuchte Pfote und streckt sie ihnen entgegen. »Freut mich sehr, euch kennenzulernen: Hasso Puck, Regisseur von Knurrfilm-Productions!«

»Aha«, sagt Rita und spuckt etwas Wasser aus.

»Oho«, murmelt Ruth und starrt Hasso mit offenem Meerschweinschnäuzchen an.

»Ich drehe mit meinem Team in der Gegend hier gerade einen Piratenfilm«, berichtet Hasso, steigt aus dem Wasser und schüttelt heftig sein nasses Fell. »*Der Fluch der Karibikhunde!* Wird ein guter Streifen, aber es sollen nicht nur Hunde darin vorkommen. Lange, viel zu lange habe ich nach den richtigen Leuten gesucht. Ihr werdet mir kaum glauben, wenn ich euch erzähle, wo mein Team und ich überall herumgerannt sind! Im Stadtwald und auf sämtlichen Weiden und hier und da und was weiß ich wo. Sogar im Streichelzoo haben wir ein Casting gemacht. Hat alles nichts gebracht. Aber egal!« Hasso zieht die Lefzen hoch und strahlt bis zu den Schlappohren. »Am Ende hat die Suche sich doch gelohnt. Jetzt ist alles klar: Ihr seid die Richtigen! Ihr und niemand sonst! Bitte macht bei uns mit!«

Rita und Ruth schauen sich an.

»Wir wollten gerade Richtung Karibik segeln«, sagt Rita.

»Ach so?!« Hasso kläfft vor Freude und wedelt heftig mit dem Schwanz. »Das trifft sich prima! Wenn man Filme dreht, kommt man überallhin. Ihr werdet es sehen.«

Kurz darauf prasselt am Strand ein gemütliches Feuer. Das Raubschaf, das Raubmeerschwein und die Hundemeute trocknen ihr Fell. Bald sind Ruth und Rita mit Hasso Puck und seinen Mitarbeitern in Fachgespräche über die berühmtesten Freibeuter und besten Piratenfilme aller Zeiten vertieft. Es dauert bis spät in die Nacht.

Der Fluch der Karibikhunde

Rita, Ruth und Hasso Puck mit seiner Crew sind lange mit den Dreharbeiten beschäftigt. Rita spielt den Kapitän Rit Rauhuf und Ruth seinen besten Freund, Käpt'n Rut Rückruf. Aus Sehnsucht nach dem weiten Horizont verlassen die beiden ihr trübes Zuhause und werden Seefahrer. Sie gründen eine edle Freibeutergemeinschaft und führen einen heldenhaften Kampf der Flauschigen gegen grimmige Schiffsköter aller unangenehmen Rassen, die wie ein Fluch über der Karibik lasten. Nach vielen Verwicklungen und zahlreichen harten Gefechten gelingt es ihnen schließlich, das üble Treiben zu beenden und die Finsterlinge kielzuholen und zu versohlen.

Der Fluch der Karibikhunde wird ein Welterfolg. Rita und Ruth sind auf einen Schlag berühmt. Jeder kennt sie, quer durch die Karibik bis nach Australien und Südamerika.

Auf Ritas altem Deich platzen der Hammel Kurt-Georg und das Mutterschaf Beate fast vor Stolz.

»Die raue Rita, das ist unsere Tochter«, erzählen sie den ganzen Tag jedem Schaf. »Und die Ruth, die kennen wir auch persönlich!«

Ruths alter Bekannter Johann ist natürlich ebenfalls begeistert, und sein Vater ärgert sich furchtbar darüber, dass er Ruths Talent nicht erkannt hat.

Rita und Ruth reisen nun auch nach Südamerika und Australien. Es ist schön dort, teilweise sogar wunderschön, zum Beispiel im Regenwald, in den Anden oder in der Oper von Sydney. Aber es gibt auch Enttäuschungen. In Australien sind die Weiden zwar tatsächlich oft nicht eingezäunt, aber trotzdem können die meisten Schafe nicht laufen, wohin sie wollen. Und in Südamerika leben viele Meerschweine zwar in Freiheit, aber ihr Fleisch gilt als Delikatesse.

Rita und Ruth stellen obendrein bald fest, dass große Berühmtheit auch Schattenseiten hat.

Wo die beiden auftauchen, überall heißt es: »Schaut mal!«, und »Autogramm!«, ja sogar: »Ach, wie niedlich!«, und »Guck mal, wie süüüß!!«

Wieder grapschen alle nach Ruth und nach Rita gleich mit. Alle wollen die beiden unbedingt anfassen und umarmen und zusammen mit den Stars fotografiert werden und noch viel mehr.

Ruth und Rita geht das mächtig auf die Nerven.

Deshalb beschließen sie eines Tages, ihr Leben ein weiteres Mal radikal zu ändern. Auch Hasso Puck kann sie nicht davon abhalten, sosehr er auch bittet und winselt.

Rita, das Raubschaf, und Ruth, das Raubmeerschwein, tauchen ab.

Weg sind sie. Verschwunden. Und dabei bleibt es.

Bis zum heutigen Tag leben die beiden unerkannt an einem unbekannten Ort am Meer, mit freiem Blick auf den Horizont. Nicht einmal Hasso Puck kennt die Adresse, und ihre Handynummern sind derart geheim, dass sie nicht einmal existieren.

Rita und Ruth lassen es sich gut gehen. Hier und da unternehmen sie einen Ausflug.

Es kann sein, dass ihr manchmal in den Nachrichten hört, dass ein unverschämter Schäferhund einen Tritt vors Schienbein abbekommen hat oder ein dreister Grapscher durch eine mysteriöse Monsterstimme mächtig erschreckt worden ist. Vielleicht ist auch noch von zwei rätselhaften Freibeutern die Rede. Der eine soll wollig und nicht besonders groß, der andere ungekämmt, niedlich und sehr klein sein.

Ihr wisst Bescheid. Hej-ho.

1. Auflage 2009
Text: Martin Klein
Lektorat: Eva Jaeschke
Bilder: Ute Krause
Umschlaggestaltung: www.anettebeckmann.de
Satz: Ilka Linz
Druck: Grafisches Centrum Cuno GmbH & Co. KG, Calbe
ISBN 978-3-939944-24-9
www.tulipan-verlag.de